BEI GRIN MACHT SICH
WISSEN BEZAHLT

Lukasz Sikora

Unterrichtsfeinplanung zum Thema "Gesundheit, Krankheit, Körper" in einem Integrationskurs

Analyse des Lehrwerks "Schritte plus" unter dem Aspekt der Heterogenität und Binnendifferenzierung

GRIN Verlag

Bibliografische Information der Deutschen Nationalbibliothek:

Die Deutsche Bibliothek verzeichnet diese Publikation in der Deutschen National-
bibliografie; detaillierte bibliografische Daten sind im Internet über http://dnb.d-
nb.de/ abrufbar.

Impressum:

Copyright © 2013 GRIN Verlag GmbH
Druck und Bindung: Books on Demand GmbH, Norderstedt Germany
ISBN: 978-3-656-59863-3

Dieses Buch bei GRIN:

http://www.grin.com/de/e-book/268852/unterrichtsfeinplanung-zum-thema-
gesundheit-krankheit-koerper-in-einem

GRIN - Your knowledge has value

Der GRIN Verlag publiziert seit 1998 wissenschaftliche Arbeiten von Studenten, Hochschullehrern und anderen Akademikern als eBook und gedrucktes Buch. Die Verlagswebsite www.grin.com ist die ideale Plattform zur Veröffentlichung von Hausarbeiten, Abschlussarbeiten, wissenschaftlichen Aufsätzen, Dissertationen und Fachbüchern.

Besuchen Sie uns im Internet:

http://www.grin.com/

http://www.facebook.com/grincom

http://www.twitter.com/grin_com

Portfolio von Lukasz Sikora

Unterrichtsfeinplanung zum Thema „Gesundheit und Krankheit, Körperteile" in einem Integrationskurs

Analyse des Lehrwerks „Schritte plus" unter dem Aspekt der Heterogenität und Binnendifferenzierung

als
Nachweis der erfolgreichen Teilnahme
an der Zusatzqualifizierung
für Lehrkräfte im Bereich
Deutsch als Zweitsprache

bei ESL PROLOG-Berlin
04.11.2013 – 22.11.2013
im Auftrag des Bundesamtes
für Migration und Flüchtlinge
(BAMF)

(Das Zertifikat wurde vom BAMF am 03.02.2014 erteilt)

Inhalt

I Analyse von Unterrichtsmaterial, I. Arbeitsblatt 3

I Analyse von Unterrichtsmaterial, II. Arbeitsblatt 4

1. Zielgruppe...4

2. Zielsetzung 5

3. Aufbau des Lehrwerks..5

4. Methodische Schwerpunkte...11

5. Methodische Ansätze 12

6. Hinweise zum gewählten Aspekt im Lehrwerk und im Lehrerhandbuch...............13

I Analyse von Unterrichtsmaterial, III. Arbeitsblatt – Umsetzung des gewählten
Aspekts im Lehrwerk 15

I Analyse von Unterrichtsmaterial, IV. Arbeitsblatt – persönliche Meinung zum
Lehrwerk..19

II Lernerfahrung 21

III Unterrichtsfeinplanung zu einer auszuwählenden Fertigkeit oder zu
kombinierten Fertigkeiten und zu einem auszuwählenden Thema 28

IV Unterrichtsfeinplanung (Lernziele, Lerninhalte, Unterrichtsphasen etc.)............. 30

Coverbild: Gapchuk Lesia @Shutterstock.com

1. Arbeitsblatt / Analyse von Unterrichtsmaterial

Analyse von Unterrichtsmaterial

Wählen Sie einen Analyseschwerpunkt aus und erläutern Sie, warum Sie diesen gewählt haben.

- Heterogenität und Binnendifferenzierung

oder

- Interkulturelles Lernen

oder

- Handlungsorientiertes Lernen

Ich finde alle drei Aspekte für den DaZ-Unterricht relevant. Für die folgende Lehrwerkanalyse habe ich den Schwerpunkt „Heterogenität und Binnen-differenzierung" gewählt, weil ich ihn für besonders wichtig im Kontext der Integrationskurse halte. Das Hauptmerkmal solcher Kurse ist starke Heterogenität, also Verschiedenartigkeit, Uneinheitlichkeit der Teilnehmer, die sich nicht nur auf sprachlicher Ebene (z. B. verschiedene Muttersprachen, verschiedenes Niveau der Zielsprache, Grad der Alphabetisierung), sondern auch auf außersprachlicher Ebene (Unterschiede im Hinblick auf Nationalität, Lebenssituation, Lernvoraussetzungen, Motivation etc.) voneinander unterscheiden.

Die schwierige Aufgabe einer Lehrkraft und eines Lehrwerks besteht darin, die negativen Effekte der Heterogenität auszugleichen und die positiven Effekte der Heterogenität zu nutzen. Um dieser Aufgabe gerecht zu werden, versucht man in Integrationskursen mit Hilfe eines Lehrwerks Binnendifferenzierung einzusetzen. Innere Differenzierung umfasst alle didaktisch-methodischen Maßnahmen innerhalb eines gemeinsamen Klassenunterrichts, die es zum Ziel haben, die individuellen Begabungen, Fähigkeiten und Interessen der Lernenden zu fördern und den Unterricht trotz der großen Unterschiede in einer Lerngruppe zu optimieren. Der große Vorteil besteht darin, dass die Lernenden voneinander profitieren und lernen können. Nur durch entsprechende Binnendifferenzierung kann man gewährleisten, dass jeder Teilnehmer einen Lernfortschritt erzielen kann. Lehrwerke, die

Heterogenität und Binnendifferenzierung berücksichtigen sind eine große Hilfe für die Lehrenden. Sie fördern einerseits die Motivation, andererseits ermöglichen sie verschiedene Progressionen und den Integrationserfolg der Teilnehmer.

Für die Analyse von Unterrichtsmaterial habe ich das Lehrwerk „Schritte plus 4, Niveau A2/2, Kurs- und Arbeitsbuch"[1] gewählt. Es ist der vierte Band einer Reihe von insgesamt sechs Bänden. Meiner Meinung nach orientiert sich dieses Lehrwerk explizit an dem Konzept eines heterogenen und binnendifferenzierten DaZ-Unterrichts, was ich in meiner Analyse zu beweisen versuche.

2. Arbeitsblatt / Analyse von Unterrichtsmaterial

Analyse von Unterrichtsmaterial

Welche Angaben wurden im Lehrwerk gemacht zu:

1. Zielgruppe

„Schritte plus 4: Deutsch als Fremdsprache, Niveau A2/2" ist ein Lehrwerk für erwachsene und jugendliche Lerner der Grundstufe. Es wurde für Lernende ohne Vorkenntnisse konzipiert und ist speziell für Kurse im Innland geeignet (vgl. die Rückseite des Umschlags). Die Zielgruppe sind diejenigen Lernenden, die in einem deutschsprachigen Land leben oder leben möchten. Durch die flache Progression ist dieses Lehrwerk besonders gut geeignet für TN, die noch keine Fremdsprache gelernt haben.[2]

---

[1] Hilpert, Silke; Kerner, Marion; Niebisch, Daniela; Specht, Franz; Weers, Dörte; Reimann, Monika; Tomaszewski, Andreas: „Schritte plus 4: Deutsch als Fremdsprache, Niveau A2/2, Kursbuch + Arbeitsbuch. Hueber Verlag, Ismaning, 2010.
[2] Klimaszyk, Petra; Krämer-Kienle, Isabel: Schritte plus 1: Deutsch als Fremdsprache, Lehrerhandbuch. Hueber Verlag, Ismaning, 2010, S. 6.

2. Zielsetzung

Das Lehrwerk orientiert sich genau an den Vorgaben des Gemeinsamen Europäischen Referenzrahmens (GER) und an den Vorgaben des Rahmencurriculums des Bundesministeriums des Inneren (das Rahmencurriculum für Integrationskurse). „Schritte plus 4, Niveau A2/2" führt gemeinsam mit dem Lehrewerk „Schritte plus 3, Niveau A2/1" zum Niveau A2 des GER und bereitet gleichzeitig gezielt auf die Prüfungen „Start Deutsch 2" (Stufe A2), den „Deutsch-Test für Zuwanderer" (Stufe A2-B1) und das „Zertifikat Deutsch" (Stufe B1) vor.[3]

Die einzelnen Lehrwerke aus der Reihe „Schritte plus" führen zu folgenden Niveaustufen und bereiten auf folgende Prüfungen vor:

„Schritte plus 1" und „Schritte plus 2" – A1/ Start Deutsch 1

„Schritte plus 3" und „Schritte plus 4" – A2/ Start Deutsch 2

Schritte plus 5" und „Schritte plus 6" – B1/ Deutsch-Test für Zuwanderer, Zertifikat Deutsch

Anliegen ist es, den TN der Kurse die Integration in den deutschen Alltag zu ermöglichen, so sind die Themen handlungsorientiert und sollen die TN befähigen, alltäglichen Situation wie z. B. Arztbesuche, Einkäufe, Wohnungs- und Stellensuche sprachlich gerecht zu werden.[4]

3. Aufbau

Das Lehrwerk hat eine klare, übersichtliche Struktur. Es ist eine feste Struktur für jeden Band. Bei dieser Frage beschäftige ich mich mit dem kompletten Lehrwerk, d.h. bei der Analyse des Aufbaus berücksichtige ich:

a) „Schritte plus 4, Kursbuch"

b) „Schritte plus 4, Arbeitsbuch" (integriert mit dem Kursbuch)

c) „Schritte plus 4, Lehrerhandbuch"

---

[3] Vgl. Hilpert, Silke u. a.: Schritte plus 4, a. a. O., S. 6.
[4] Vgl. Klimaszyk, Petra u. a.: Schritte plus 1, Lehrerhandbuch, a. a. O., S. 6.

a) Das Kursbuch

Seite 3 bietet einen allgemeinen Überblick über den Aufbau des gesamten Lehrwerks mit Seitenangaben zu einzelnen Abschnitten des Kurs- und Arbeitsbuches und mit einem Verweis auf die im Lehrwerk verwendeten Symbole und Piktogramme.

Auf Seiten 4 und 5 ist ein Inhaltsverzeichnis für den Kursbuch zu finden. Hier kann sich der Leser einen Überblick über Inhalte einzelner Lektionen 8 – 14 verschaffen, die sowohl im Inhaltsverzeichnis als auch in einzelnen Kapiteln im Kursbuch mit verscheiden Farben markiert sind – jeder Lektion entspricht eine andere Farbe. Jedes Kapitel behandelt ein alltagsbezogenes Thema, wie z. B. „Am Wochenende" (Lektion 8), „Warenwelt" (Lektion 9) etc. und jeweils ein paar grammatische Phänomene/wichtige Wendungen, z. B. Konjunktiv II: wäre, hätte, würde, könnte + Konjunktion „trotzdem" (Lektion 8), Adjektivdeklination + Komparativ und Superlativ (Lektion 9).

Dem „Inhalt – Kursbuch" folgt auf Seite 6 ein Vorwort, in dem der Verlag über Zielgruppe, Zielsetzung und Aufbau des Lehrwerks grob informiert. Auf Seite 7 präsentiert das Lehrwerk „Die erste Stunde im Kurs", dessen Inhalt „Stellen Sie sich vor: Wie heißen Sie?" ist. Diese ist nicht als eine typische Lektion konzipiert, weil sie nur als Einstieg in den Kurs dient.

An dieser Stelle soll man betonen, dass jeder Band der Reihe „Schritte plus" aus sieben Lektionen (hier Lektionen 8 – 14) mit je acht Seiten besteht. Dazu gehört jeweils, wie bereits erwähnt, ein integriertes Arbeitsbuch. Die Lektionen haben eine klare, feste Struktur:

• Einstieg: eine Foto-Hörgeschichte
• Lernschritt A-C: in sich abgeschlossene Seiten – sog. „Schritte" A, B, C zur Einführung und Anwendung des neuen Lernstoffs
• Lernschritt D und E: in sich abgeschlossene Seiten – sog. „Schritte" D und E zum Training der rezeptiven und produktiven Fertigkeiten
• eine Übersichtsseite zu Grammatik und Lernwortschatz der Lektion
• Das Plus – Zwischenspiel: hier befinden sich landeskundlich interessante Lese- und Hörtexte mit spielerischem Charakter.

Informationen zum Aufbau des Lehrwerks „Schritte plus 4", Kurs- und Arbeitsbuch" sind nicht nur im Vorwort dieses Bandes, sondern auch in „Schritte plus 1, Lehrerhandbuch" im Kapitel „Konzeption des Lehrwerks" zu finden. Im

Folgenden gehe ich etwas ausführlicher auf Bestandteile einer Kursbuchlektion ein. Zur Veranschaulichung wird hier Lektion 13, „Auf der Bank", S. 62 – 71 als Beispiel angeführt.

Eine Foto-Hörgeschichte besteht aus 2 Seiten und geht jeder Lektion voraus. Die Episoden einer unterhaltsamen Geschichte bilden den thematischen und sprachlichen Rahmen der Lektion. Die Episoden hängen zusammen und erzählen die Geschichte von Niko, einem jungen Ausländer aus der Ukraine, der in Deutschland leben möchte. Zusammen mit der Familie Schneider erlebt er verschiedene Alltagssituationen. Die Foto-Hörgeschichte erfüllt folgende Funktionen:

- sie ist ein unterhaltsamer Einstieg in die Lektion und weckt das Interesse der TN
- sie ermöglicht anhand der Personen und Situationen die Identifikation im Kontext der gemeinsamen Erfahrungen von Ausländern (vgl. Lektion 13, „Auf der Bank", S. 62 – 63)
- sie ist motivierend und dient zur Aktivierung des Vorwissens (u. a. durch Bilder)
- sie trainiert das globale Hörverstehen und vermittelt auf amüsante Art und Weise landeskundliches Wissen (z. B. Aufgabe 3 und 4, S. 63: „Sehen Sie die Fotos an und hören Sie." „Was passiert. Orden Sie zu" – die TN sollen die Sätze aus der Foto-Hörgeschichte in die richtige Reihenfolge bringen)

Mit „Lernschritten A – C" werden neue Wörter/Wendungen und grammatische Strukturen eingeführt, bewusst gemacht, geübt und transferiert. Anliegen ist es, den TN ein eindeutiges und erreichbares Ziel vor Augen zu führen. Jede Seite ist hier eine sich abgeschlossene Einheit und folgt demselben Aufbau:

- die Kopfzeile ist durch Fettmarkierung hervorhebt und weist auf den Lernstoff bzw. auf das Thema hin. Sie enthält ein Zitat aus der Foto-Hörgeschichte (z. B. „Kannst du mir sagen, was das heißt?", S. 64)
- die erste Aufgabe führt den Lernstoff ein und bezieht sich ebenfalls in weiterem Sinn auf die Foto-Hörgeschichte. Obwohl die Strukturen den TN noch nicht bewusst sind, wenden sie den Lernstoff bereits aktiv an (z. B. Aufgabe A2 „Am Bankschalter: Schreiben Sie", S. 64)

- der Grammatikspot dient der Bewusstmachung des Lernstoffs und fasst ihn knapp und übersichtlich zusammen (z. B. „Können Sie mal nachsehen, ob die Zahl in Ihrem Computer ist?", S. 65)
- In den darauf folgenden Aufgaben üben die TN die neuen Strukturen ein – zunächst in gelenkter, dann in freier Form. Hier als Beispiel Aufgabe B4, S. 65: „Schreiben Sie fünf Fragen. Fragen Sie dann Ihre Partnerin/Ihren Partner. Beginnen Sie Ihre Frage mit: Ich wollte dich fragen,..." – gelenkte Form. Oder Aufgabe C2, S. 66: „Der Kunde ist König. Was lässt er alles machen? Schreiben Sie" – freie Form
- Die Abschlussaufgabe, oft in spielerischer Form angeboten, dient dem Transfer des Gelernten oder einem interkulturellen Sprechanlass (z. B. Aufgabe C3, S. 66: „Dienstleistungen. Was machen Sie selbst? Was lassen Sie machen? Fragen und antworten Sie im Kurs")

Mit „Lernschritten D und E" werden rezeptive (lesen und Hören) und produktive (Sprechen und Schreiben) Fertigkeiten vertieft und erweitert. Beim Lesen üben die TN anhand der authentischen Textsorten wie Prospekte und Kataloge, Visitenkarten, Kleinanzeigen etc. Beim Hören versuchen die TN, Kernaussagen aus alltagsbezogenen Textsorten grobe Informationen zu entnehmen – dazu gehören z. B. Lautsprecherdurchsagen am Bahnhof, automatische Telefonansagen usw. Beim Sprechen üben die TN, wie man einfache Alltagssituationen bewältigen kann – sie fragen nach Uhrzeiten, Preisen, Zahlen etc. und geben darüber Auskunft. Beim Schreiben lernen die TN, wie man z. B. Formulare ausfüllt oder einfache Notizen und Mitteilungen schreibt.

Die Übersichtsseite ist jeweils die letzte Seite der Lektion. Sie präsentiert kurz und bündig neue grammatische Strukturen und Wendungen, oft in einer visuellen Form (z. B. Tabellen). Hier wird die in der Lektion ausgesparte grammatische Terminologie aufgegriffen. Die Übersichtsseite ist gut geeignet für Wiederholen und Nachlagen (z. B. „Indirekte Fragen mit Fragepronomen" – „Können Sie mir sagen, wann die Banken geöffnet haben?" oder Konjugationstabelle mit dem Verb „lassen" auf S. 69)

Die im Zwischenspiel präsentierten spielerischen Aktivitäten runden die Lektion ab – z. B. Aufgabe 1, S. 70: „Sehen Sie die Personen/Szenen A bis E an (vorher gibt es dazu Bilder). Sprechen Sie zu zweit eine Szene aus und schreiben Sie ein Gespräch zwischen den beiden Personen"

Dem Kursbuch sind zwei CDs beigefügt.

b) das Arbeitsbuch

Auf Seite 87 ist „Inhalt Arbeitsbuch" zu finden. Das Arbeitsbuch ist im Gegensatz zum Kursbuch nur in der schwarz-blauen Farbe gehalten. Auch hier gilt ein fester, klarer Aufbau:

- Schritt A – E
- Phonetik
- Lerntagebuch
- Projekt (nicht in jeder Lektion vorhanden)
- Prüfungsaufgabe (nicht in jeder Lektion vorhanden)
- Lernwortschatz

„Schritt A – E" beinhaltet Übungen zu den Lernschritten A – E des Kursbuchs in verschiedenen Schwierigkeitsgraden (Binnendifferenzierung) für die Still- und Partnerarbeit im Kurs oder als Hausaufgabe. Auch hier sind, wie im Kursbuch, in der Kopfzeile ein Zitat und ein Foto aus der Foto-Hörgeschichte als Lernhilfe zu finden. Die Übungen sind in Basisübungen, Vertiefungsübungen und Erweiterungsübungen geteilt, jeweils mit verschiedener Farbe markiert.

Die Übungen zur Phonetik trainieren die Intonation und die Lautartikulation, sie sind durch eine blau gerasterte „Schallwellen-Unterlegung" markiert.

Im „Lerntagebuch" können die TN verschiedene Lerntechniken anwenden. Der Schwerpunkt liegt auf verschiedenen Notierungsmöglichkeiten von Strukturen und Wortschatz, wie z. B. auf S. 91 – Lerntagebuch zu Lektion 8: „Notieren und zeichnen Sie im Lerntagebuch: Mein Alltag oder: Meine Wünsche."

„Projekte" beinhalten Anregungen und Vorschläge zu Projekten, die das Lernen außerhalb des Kurses unterstützen, wie z. B. Projekt 27 auf S. 95 zu Lektion 8 – „Veranstaltungen am Wochenende": „Sammeln Sie Informationen".

„Prüfungsaufgaben" – schon ab Lektion 8 (die hier als erste Lektion gilt) werden die TN auf „die Prüfung Start Deutsch 2" vorbereitet und mit den Prüfungsaufgaben vertraut gemacht – wie z. B. Ü. 25 (Prüfung) auf S. 94: „Einen Ausflug planen".

Am Ende jeder Lektion befindet sich eine sehr hilfreiche Lernwortschatz-Sammlung, wo die TN die muttersprachlichen Entsprechungen eintragen können.

Am Ende des Arbeitbuches sind „Wiederholungsstationen" zu grammatischen Strukturen zu finden (S. 156 – 163) und sog. „Fokus-Seiten" zu allen Lektionen, die fakultativ bearbeitet werden können. Die „Fokus-Seiten" verfolgen die Lernziele des Bundesministeriums des Inneren und bieten zusätzliche Materialien zu alltagsbezogenen Themen (z. B. „Antragsformular" auf S. 172 oder „Gespräche zum Thema Versicherung" auf S. 175), um den speziellen Bedürfnissen einer Lernergruppe gerecht zu werden.

c) das Lehrerhandbuch ist auch durch einen festen und klaren Aufbau gekennzeichnet:

- das Lehrerhahnbuch – Überblick. Hier werden allgemeine Informationen zu dem Lehrerhandbuch vermittelt, u. a. dass dieses Handbuch Hinweise und zusätzliche Materialien für den Unterricht mit „Schritte plus 4 enthält

- Praktische Tipps für den Unterricht mit „Schritte plus". An dieser Stelle findet der Lehrer Informationen, wie er verschiede Aufgaben im Unterricht – u. a. die Foto-Hörgeschichte, Aufgaben vor dem Hören, Aufgaben nach dem Hören, die Projekte etc. –, präsentieren soll

- Methodisch-didaktische Hinweise zu jeder Lektion (ausführlicher: zu jeder Kursbuchseite und zu jeder Rubrik im Arbeitsbuch)

- Kopiervorlagen, die Zusatzübungen und Spiele, Wiederholungsübungen und Tests für jede Lektion enthalten

- Anhang mit Transkriptionen der Hörtexte im Kurs- und Arbeitsbuch sowie mit Lösungen zu den Übungen im Arbeitsbuch und Lösungen zu den Tests

Darüber hinaus sind die folgenden ergänzenden Materialien zugänglich:
- Glossare
- Lektürehefte zur Foto-Hörgeschichte
- Intensivtrainer
- Hefte zur Prüfungsvorbereitung
- Übungsgrammatik
- Diktate
- Leseheft
- Poster zur Foto-Hörgeschichte
- Internetservice
- Internetmodule für spezielle Kurse

4. methodischen Schwerpunkten

• Die Grammatikprogression ist in dem Lehrwerk flach angelegt. Dadurch werden insbesondere TN mit geringer Lernerfahrung berücksichtigt.

• Neue grammatische Strukturen werden zunächst lexikalisch eingeführt, so haben die TN das Gefühl, sich in der Fremdsprache schon ausdrücken zu können.

• Im Lehrwerk verzichtet man auf die grammatische Terminologie – anstelle von dieser Terminologie werden visuelle Impulse eingesetzt. In diesem Zusammenhang bedient sich „Schritte plus" einer Bespiel- und Signalgrammatik. Aus diesem Grund wird auf Regelerklärungen verzichtet.

• Das Lehrwerk exponiert „Selbstentdeckendes Lernen". Es gibt im Arbeitsbuch Übungen, die die TN zu einem gelenkten Selbstendecken grammatischer Regelmäßigkeiten führen.

• Die Wortschatzprogression ist, genauso wie die Grammatikprogression, flach angelegt. Neuer Wortschatz wird meistens mit bekannten grammatischen Strukturen eingeführt, um die TN nicht zu überfordern. Nach Möglichkeit werden Wortfelder (wie z.B. Lektion 9 – „Warenwelt") eingeführt, und der Lernwortschatz ist prinzipiell nach Oberbegriffen geordnet

• Das Lehrwerk arbeitet an allen Fertigkeiten: Hören und Lesen (rezeptiv), Sprechen und Schreiben (produktiv). Dabei wird Phonetik nicht vernachlässigt – man setzt Ausspracheübungen ein, die in einem Wechselspiel aus imitativem und kognitivem Lernen, z. B. durch Hören, Erkennen und Nachsprechen, erfolgt

• Es wird im Lehrwerk die Lernautonomie gefördert. Zu diesem Zweck benutzt man zu jeder Lektion im Arbeitsbuch das Lerntagebuch – es leistet Hilfe vor allem den TN mit wenig Lernerfahrung, um ihnen systematisches Lernen und Lernorganisation zu ermöglichen. Die TN gruppieren z. B. Redemittel nach Situation, notieren muttersprachliche Entsprechungen oder ordnen grammatische Formen.

(vgl. dazu „Schritte plus 1, Lehrerhahnbuch", Punkt 3 – Methodisch-didaktische Grundlagen, S. 9-11)"

5. Welche methodischen Ansätze werden hauptsächlich verfolgt?

Im Lehrwerk „Schritte plus 4", sowie in anderen Bänden aus dieser Reihe, wird hauptsächlich der kommunikative Ansatz verfolgt. An dieser Stelle möchte ich die Frage beantworten, was den kommunikativen Ansatz in diesem Lehrwerk ausmacht? Das Hauptprinzip des kommunikativen Ansatzes – die Förderung der „realen" Kommunikation im Unterricht – wird in vollem Maße in dem Lehrwerk „Schritte plus 4" realisiert. Dies geschieht durch Einsetzen der authentischen Texte sowohl im Kurs- als auch im Arbeitsbuchbuch, dazu gehören u. a. Werbeprospekte, Kleinanzeigen, (Antrags)Formulare, Kataloge. Alle behandelten Themen beziehen sich explizit auf den Alltag, wie z. B. „Am Wochenende", „Warenwelt", „Post und Telefon", „Auf der Bank" etc. Dieser Aspekt wird ausdrücklich in dem Teil „Fokus Alltag" im Arbeitsbuch umgesetzt – Beispiele „Ein Kaufvertrag" (S. 167), „Ämter und Behörden" (S. 168). Alle Fertigkeiten werden geübt mit einer Schwerpunktsetzung auf Hören und Sprechen. Am besten lässt es sich anhand von Übungen und Aufgaben erklären, wo der kommunikative Ansatz im Lehrwerk eingesetzt wird:

• Dialoge mit kommunikativer Funktion (kein Auswendiglernen), z. B. Ü 18 zu Lektion 10 im Arbeitsbuch, S. 112: „Schreiben Sie Gespräche – Schau mal, wie gefällt dir denn das rote Radio…"

• nur am Rande stark gesteuerte Übungen – hier werden sie nur in der Anfangsphase einer Lektion angeboten, viele Übungen sind in der freien Form zu lösen, z. B. Ü. 24 zu Lektion 10, S. 113: „Machen Sie Vorschläge. Schreiben Sie und sprechen Sie."

• Übersetzungsübungen werden bei Bedarf vorgeschlagen, z. B. in Lerntagebüchern im Arbeitsbuch

• Projektunterricht – Abschnitt „Projekt" im Arbeitsbuch, wo die TN eine Möglichkeit haben, gelernte Inhalte außerhalb des Klassenraums zu benutzen.

• bei Aufgaben und Übungen werden viele Sozialformen eingesetzt (Gruppenarbeit, Paararbeit etc.)

• in den Unterricht werden verschiedene Medien integriert – dank einer Menge der Zusatzmaterialien (vgl. Punkt 3 „Aufbau" – ergänzende Materialien)

Darüber hinaus wird die Progression den Lernenden angepasst – die flache Grammatik- und Wortschatzprogression. Der absichtsvolle Gebrauch der Herkunftssprachen ist erlaubt – die TN können z. B. im Arbeitsbuch beim

Lernwortschatz die muttersprachlichen Entsprechungen eintragen. Dem Prinzip der Sprechakttheorie folgend (Austin, Searle) wird Sprache in dem Lehrwerk nicht als System von Formen, sondern als Aspekt menschlichen Handelns betrachtet – Sprechübungen sind immer auf reale Situationen bezogen. Im Kontext der alltagsbezogenen Themen wird hier auch die Aufgabenorientierung realisiert – die Bewältigung von Aufgaben bereitet immer auf authentische Alltagssituationen vor (vgl. dazu Projekte im Arbeitsbuch).

Zum Schluss möchte ich betonen, dass in dem Lehrwerk außer dem kommunikativen Ansatz auch Anklänge von audiovisuellem und interkulturellem Ansatz zu finden sind (z. B. die Geschichte von Niko – einem jungen Ausländer aus der Ukraine, der in Deutschland Fuß fassen möchte – in der Foto-Hörgeschichte).

6. Welche Hinweise finden Sie zu dem von Ihnen gewählten Aspekt im Lehrwerk und im Lehrerhandbuch?

Im Lehrwerk „Schritte plus 4" ist ein expliziter Hinweis zu der Binnendifferenzierung im Vorwort auf S. 6 zu finden:

„Das Arbeitsbuch: im integrierten Arbeitsbuch finden Sie: Übungen zu den Lernschritten A-E des Kursbuchs in verschiedenen Schwierigkeitsgraden, um innerhalb eines Kurses binnendifferenziert mit schnelleren und langsameren Lernenden zu arbeiten."

Ein impliziter Hinweis zur Binnendifferenzierung im Lehrwerk befindet sich auf der Rückseite des Umschlags in Form einer Liste von ergänzenden Materialien – Glossare, Intensivtrainer, Diktate etc. (vgl. dazu den letzten Absatz in dieser Arbeit zum Punkt 3 „Aufbau").

Explizite Hinweise im „Lehrerhandbuch, Schritte plus 4":

Kapitel „Praktische Tipps für den Unterricht mit *Schritte plus* – Binnendifferenzierung", S. 9-10. Hier werden Informationen zu diesem Aspekt ausführlich und umfangreich in drei Gruppen vermittelt (ich zitiere nur die wichtigsten Sätze):

a) Allgemeine Hinweise (S. 9):

„Wichtig: Es ist nicht nötig, dass immer alle alles machen! Teilen Sie die Gruppen nach Kenntnisstand und/oder Neigung ein. Die einzelnen Gruppen können Ihre Ergebnisse dem Plenum präsentieren: So lernen die TN miteinander und voneinander.

• Stellen Sie Mindestaufgaben, die von allen TN gelöst werden sollen. Besonders schnelle TN bekommen zusätzliche Aufgaben, z. B. Erweiterungsübungen im Arbeitsbuch. Entziehen Sie geübten TN Hilfen, indem Sie z. B. Schüttelkästen wegschneiden. Dadurch werden diese TN mehr gefordert.

• Binden Sie schnellere TN als Co-Lehrer mit ein [...]

• Stellen Sie Gruppen nach Neigung oder Lerntypen zusammen [...]

• Lassen Sie bei unterschiedlich schwierigen Aufgaben die TN selbst wählen, welche sie übernehmen möchten [...]"

b) Binnendifferenzierung im Kursbuch (S. 9):

„Lesen: Nicht alle TN müssen alle Texte lesen. Bei unterschiedlich langen/schwierigen Texten verteilen Sie gezielt die kürzeren/leichteren an ungeübte TN und die längeren/schwierigeren an geübte TN [...]

Hören: Sie können die TN auch hier in Gruppen aufteilen [...]

Sprechen: TN, die noch Hilfestellung benötigen, können bei Sprechaufgaben auf die Redemittel auf den Kursbuchseiten und auf der Übersichtsseite als Orientierungs- und Nachlagehilfe zurückgreifen [...]

Schreiben: [...] Bieten Sie auch Diktate an [...]"

c) Binnendifferenzierung im Arbeitsbuch (S. 10):

„Die binnendifferenzierten Übungen im Arbeitsbuch können im Kurs oder als Hausaufgabe bearbeitet werden. Es empfiehlt sich folgendes Vorgehen:

• Die Basisübungen mit der schwarzen Arbeitsanweisung sollen von allen TN gelöst werden

• Zusätzlich können die Vertiefungsübungen (blaugraue Arbeitsanweisung) und die Erweiterungsübungen (tiefblaue Arbeitsanweisung) gelöst werden. Lassen Sie nach Möglichkeit die TN selbst entscheiden, wie viele Aufgaben sie lösen möchten, oder geben Sie bei der Stillarbeit im Kurs einen bestimmten Zeitrahmen vor, in dem die

TN Übungen lösen können. So vermeiden Sie, dass nicht so schnelle TN sich unter Druck gesetzt fühlen.

Die schwarzen und blaugrauen Übungen sollten Sie im Plenum kontrollieren [...] Erweiterungsübungen führen über den Basiskenntnisstand hinaus. Hier gibt es auch freie Übungsformen, z. B. das Schreiben von Dialogen anhand von Vorgaben. [...]"

Der andere deutliche Hinweis zur Binnendifferenzierung im Lehrerhahnbuch befindet sich auf S. 2 in Form eines Symbols (zwei Pfeile) – so wird darauf hingewiesen, dass mit diesem Symbol markierte Aufgaben binnendifferenziert sind.

Implizite Hinweise zur Binnendifferenzierung im Lehrerhandbuch:

• Kapitel „Praktische Tipps für den Unterricht mit Schritte plus – Foto Hörgeschichte/Variationsaufgaben/Grammatikspot" (S. 7) - hier werden verschiedene „Variationsaufgaben" als innere Differenzierung angeboten

• Auf S. 11 werden „Die Projekte" beschrieben, die die Projektarbeit als Anregung für vertiefende Arbeit präsentieren

• Auf S. 11 bietet das Lehrerhahnbuch fakultatives Zusatzangebot zu „Schritte plus" mit Internetserviceangabe: www.hueber.de/schritte-plus

Außerdem informiert deutlich „Schritte plus 1, Lehrerhandbuch" über Binnendifferenzierung auf Seiten 8 (Aufbau des Arbeitsbuchs, Binnendifferenzierung), 10 und 15 – 16.

3. Arbeitsblatt / Analyse von Unterrichtsmaterial

Analyse von Unterrichtsmaterial

Wo, in welcher Art und **in welchem Umfang** wird der von Ihnen gewählte Aspekt behandelt und umgesetzt?

In dem von mir ausgewählten Lehrwerk wird der Aspekt „Heterogenität und Binnendifferenzierung" gleichermaßen umgesetzt. Aus diesem Grund werde ich anhand einer Lektion, und zwar anhand der Lektion 10 „Post und Telefon" (S. 30 – 39 im Arbeitsbuch und S. 108 – 117 im Arbeitsbuch) analysieren, wo, in welcher Art und schließlich in welchem Umfang dieser Aspekt behandelt und umgesetzt wird.

In der Analyse des Kursbuchs im Hinblick auf Binnendifferenzierung verfolge ich die Gliederung und Reihenfolge, die vom Verlag vorgeschlagen werden, so untersuche ich Aufgaben im Kursbuch unter Berücksichtigung der Aufteilung in: Foto-Hörgeschichte, Lernschritte A-C, Lernschritte D-E und Zwischenspiel. Am Ende stelle ich das Gesamtergebnis zusammen.

Zur Foto-Hörgeschichte (KB, S. 30-31) gibt es 5 Aufgaben, davon eine – die erste – ist binnendifferenziert. Es geht hier um Vorwissenaktivierung vor dem Hören zum Thema „Post". Die TN sitzen in Kleingruppen. Jede Gruppe enthält ein Plakat und einen Filzstift. Die TN notieren zum Thema „Post" alles, was sie wissen (vgl. Lehrerhandbuch = LHB, S. 35). Der Lehrer verteilt die Kopiervorlage L10/1 (LHB, S. 96). Die TN ordnen in Stillarbeit die Wörter zu. Die Binnendifferenzierung besteht hier darin, dass der Lehrer den TN bewusst macht, dass mehrere Kombinationen möglich sind. Wer fertig ist, schreibt Beispielsätze zu den einzelnen Ausdrücken.

Bei Lernschritten A-C bietet das Kursbuch 10 Aufgaben an, davon sind 6 binnendifferenziert:

- Aufgabe A1 (KB, S. 32) „Hören Sie noch einmal und variieren Sie" (Präsentation des Frageartikels „Was für ein...?"). Dazu gibt es eine Variation (vgl. LHB, S. 36). Der Lehrer bittet die TN, Preislisten von der Post zu besorgen. Er teilt die Kopiervorlage L10/A1 aus (LHB, S. 97). Die TN erhalten eine gekürzte Liste, indem der Lehrer vorab einfach einige Beispiele auf der Kopiervorlage tilgt. Um noch weiter zu differenzieren, kann der Lehrer auch die jeweilige Seitenzahl, auf der die Antwort zu finden ist, auf der Kopie angeben. Geübte TN erhalten die vollständige Liste.

- Aufgabe A2 (KB, S. 32) „Auf der Post: Hören Sie und ordnen Sie zu. Ergänzen Sie dann die Gespräche." Die TN hören die Gespräche noch einmal und ergänzen die Lücken. Schnelle TN überlegen, was sie an ihre Familie oder Freunde schicken könnten und was sie dafür brauchen (vgl. LHB, S. 36).

- Aufgabe A 3 (KB, S. 32) „Rollenspiel. Spielen Sie Gespräche auf der Post." Die TN suchen sich eine der drei Situationen aus und schreiben dazu in Partnerarbeit ein Gespräch. Zu dieser Aufgabe gibt es weitere Bespiele (weitere Differenzierung) als Kopiervorlage L10/3 (LHB, S. 98). Paare, die schon fertig sind, sammeln weitere Wörter mit „-ung" (vgl. A2).

- Aufgabe B3 (KB, S. 33) „Lesen Sie und lösen Sie ein Quiz." Die TN bearbeiten die Fragen wie im Buch angegeben und kontrollieren ihre Lösung. Als binnendifferenzierte Variante schreiben die TN anhand der Fragen und Antworten einen kurzen Text über moderne Kommunikationsmittel (vgl. LHB, S. 37). Weitere Differenzierung – ungeübte TN orientieren sich an Fragen und Antworten im Buch, so können sie fehlerfreie Sätze erstellen. Für geübte TN bereitet der Lehrer aus den Fragen im Buch eine Liste mit Stichpunkten.

- Aufgabe B4 (KB, S. 33) „"Kursstatistik: Wie viele Briefe, SMS, E-Mails... im Monat? Sprechen Sie in Gruppen." Die TN bilden die Kleingruppen und erstellen eine Tabelle wie im Buch und befragen sich gegenseitig. *Fakultativ* (vgl. LHB, S. 37): Die TN finden sich in Kleingruppen von vier Zusammen. Jede Gruppe enthält einen ausgeschnittenen Kartensatz der Kopievorlage L10/B4 (LHB, S. 99). Sie spielen damit.

- Aufgabe C3 (KB, S. 34) „Was gefällt Ihnen? Wie finden Sie...Sprechen Sie mit Ihrer Partnerin/Ihrem Partner." Die TN sehen sich die Zeichnung im Buch an und sprechen wie in den Beispielen über die Gegenstände. Wer fertig ist, schreibt eine Anzeige wie in C2. Dazu gibt es zwei fakultative Angebote – eins mit dem Modekatalog (vgl. LHB, S. 39) und das zweite mit der Kopievorlage L9/A4 (LHB, S. 92).

Bei Lernschritten D-E gibt es 7 Aufgaben, davon 3 sind binnendifferenziert:

- Aufgabe D3 (KB, S. 35) „Wie viele Punkte haben Sie? Lesen Sie nun Ihre Auflösung." Der Lehrer klärt mit den TN die Bedeutung von „Freak", „Normalo" und „Hasser". Die TN lesen „ihre" Auflösung. Wer fertig ist, schreibt der Partnerin/dem Partner eine SMS (vgl. LHB, S. 40).

- Aufgabe E2 (KB, S. 36) „Entschuldigung! Nachrichten auf dem Anrufbeantworter" Der Lehrer erinnert die TN an die dritte Situation in E1. Die TN stellen sich vor, dass sie Heinz sind, und rufen bei...an, um sich zu entschuldigen. Gibt es im Kurs überwiegend ungeübte TN, so schreibt der Lehrer mit den TN zunächst zusammen an der Tafel einen Mustertext. Schelle TN erfinden weitere Situationen und Entschuldigungen.

- Aufgabe E3 (KB, S. 36) „Hören Sie sechs Ansagen. Ergänzen Sie die Notizen". Der Lehrer klärt vorab die Begriffe „Elternbeirat" und „Konsulat". Die TN hören die Ansagen und ergänzen die Lücken. Variante: Der Lehrer kopiert die Übung E3. Geübte TN bekommen eine Kopie, in der der Lehrer weitere Informationen getilgt hat, die die TN selbst ergänzen müssen (vgl. LHB, S. 41).

Im Teil „Zwischenspiel" stehen zwei Aufgaben zur Verfügung, davon eine ist binnendifferenziert: Aufgabe 2 „Sammeln Sie alle Wörter mit *un-*." (KB, S. 38). Die TN markieren im Text die Wörter mit „un-". Der Lehrer teilt die Kopievorlage „Zwischenspiel zu Lektion 10" (LHB, S. 100) aus. Die TN ordnen die Beispiele zu. TN, die schneller fertig sind, überlegen sich zu weiteren „un"-Wörtern aus dem Liedtext eigene Beispielsätze.

Resümierend kann man festhalten, dass von insgesamt 24 Aufgaben im Kursbuch 11 binnendifferenziert sind, was 45,8% ausmacht. Dabei muss man betonen, dass alle 4 Fertigkeiten im Kursbuch geübt werden (vgl. dazu Punkt 3 „Aufbau des Kursbuchs").

Im Folgenden untersuche ich, wie viele Übungen im Arbeitsbuch binnendifferenziert sind, und welche Arten von Binnendifferenzierung sie bedienen. Im Arbeitsbuch gibt es 31 Übungen zu Lektion 10, die in „Schritte A-E", „Phonetik" und „Lerntagebuch" aufgeteilt sind. Von 31 Übungen sind 3 binnendifferenziert, was 10,7% beträgt:

- Ü. 23 (AB, S. 113) „Was ist richtig? Kreuzen Sie an." (blaugraue Arbeitsanweisung)
- U. 24 (AB, S. 113) „Machen Sie Vorschläge. Schreiben Sie und sprechen Sie." (blaue Arbeitsanweisung)
- U. 31 (AB, S. 115) „Eine Entschuldigung schreiben"
a) „Warum können Sie heute Abend nicht kommen? Schreiben Sie Ihrer Freundin/Ihrem Freund eine E-Mail." (blaugraue Arbeitsanweisung)
b) „Schreiben Sie Ihrer Freundin eine E-Mail, warum Sie morgen nicht zu einer Verabredung kommen können." (blaue Arbeitsanweisung)

Alle anderen Übungen, d. h. 28 Übungen, haben eine schwarze Arbeitsanweisung und sollten von allen TN gelöst werden. So bietet das Arbeitsbuch einen binnendifferenzierten Unterricht durch farblich gekennzeichnete Übungen in verschiedenen Schwierigkeitsstufen. Vertiefungsübungen mit blaugrauen Arbeitsanweisungen sind für alle TN bestimmt, die die Basisübungen noch nicht problemlos gelöst haben oder eine Vertiefung wünschen. Meist freie Erweiterungsübungen mit blauen Arbeitsanweisungen sind als Ergänzung und Zusatzmaterial für schnelle TN gedacht. Selbstverständlich können schnellere TN auch alle Übungen machen, während andere TN weniger Aufgaben lösen.

4. Arbeitsblatt / Analyse von Unterrichtsmaterial

Analyse von Unterrichtsmaterial

Wie schätzen Sie persönlich – aufgrund Ihrer Analyse – die Eignung des Unterrichts-
materials hinsichtlich des von Ihnen gewählten Schwerpunktes für die Zielgruppe der
Zugewanderten ein? Schließen Sie Ihre Einschätzung ggf. mit konkreten Hinweisen
zu ergänzenden Übungen und Aufgaben aus anderen Unterrichtsmaterialien oder
Lehrwerken ab.

Aufgrund der durchgeführten Analyse stelle ich fest, dass das Lehrwerk „Schritte
plus" sehr gut für den heterogenen und binnendifferenzierten DaZ-Unterricht
geeignet ist, weil es fast alle Bedürfnisse der Zielgruppe der Zugewanderten im
Hinblick auf Heterogenität und innere Differenzierung deckt.

Sowohl im Lehrerhahnbuch als auch im Kurs- und Arbeitsbuch sind zahlreiche
explizite und implizite Hinweise zur Gestaltung eines binnendifferenzierten
Unterrichts zu finden. Hier wird dieser Aspekt vor allem in zwei Formen umgesetzt:
als Übungen bzw. Aufgaben mit verschiedenem Schwierigkeitsgrad und als
umfangreiches Zusatzangebot mit ergänzenden Materialien. Behandelte Themen
sind facettenreich. Angebotene Texte sind durch unterschiedliche Aufgabentypen
gekennzeichnet (z. B. richtig/ falsch, offene Fragen, kreativer Ausbau von Texten
usw.) Zur Verfügung stehen auch verschiedene Varianten einer Übung (nach
Fertigkeit, nach Lernpräferenz etc.). Die Übungstypologie ist genug vielfältig – offene
vs. geschlossene Übungen, mündliche vs. schriftliche Übungen, alle Fertigkeiten
werden geübt. Darüber hinaus gibt es Anregungen für vertiefende Arbeit, wie z. B.
Projektarbeit im Arbeitsbuch. Jeder Lernertyp findet in diesem Lehrwerk etwas für
sich – sprachliches Wissen wird visuell, kognitiv, kommunikativ, auditiv vermittelt.
Zusätzlich werden alle Sozialformen, wie Stillarbeit, Paar- und Gruppenarbeit etc.,
berücksichtigt. Fast die Hälfte von den Aufgaben im Kursbuch und beinahe 11% der
Übungen im Arbeitsbuch sind binnendifferenziert (exemplarisch Lektion 10). Die Zahl
11% soll jedoch nicht abschrecken in Berücksichtigung der Tatsache, dass das
Lehrerhahnbuch eine Menge von Zusatzübungen und Spielen zu jeder Lektion bietet.
Außerdem bedeutet Binnendifferenzierung Gruppenarbeit: innerhalb des Kurses

werden mehrere Gruppen gebildet, die unterschiedliche Inhalte bearbeiten. Das heißt beispielsweise in dem Lehrwerk „Schritte plus", dass leistungsstärkere Gruppen mehr oder schwierigere oder freie Aufgaben erhalten oder dass für einzelne Gruppen verschiedene Lernziele gesetzt werden können, die sich an den Bedürfnissen der TN orientieren. Eine Gruppe z. B. kann Grammatik üben, eine andere Wortschatz wiederholen und eine dritte Phonetikübungen machen.

Zusammenfassend lässt sich sagen, dass das Lehrwerk „Schritte plus" auf die unterschiedlichen Bedürfnisse der TN eingeht und eine Möglichkeit gibt, jeden TN optimal zu fördern. Ich persönlich würde in meinem Unterricht keine weiteren Übungen und Aufgaben aus anderen Lehrwerken zur inneren Differenzierung einbeziehen. Bestände jedoch ein solches Bedürfnis bei einer anderen Lehrkraft, verweise ich auf das Lehrwerk „Berliner Platz" von Klett Verlag, das auch diverse Möglichkeiten bietet, innerhalb des Unterrichts gemäß den Fähigkeiten und Vorkenntnissen der Kursteilnehmer _innen zu differenzieren.[5]

---

[5] vgl. dazu: https://www.klett.de/lehrwerk/berliner-platz

Selbsteinschätzung bezüglich der Lernerfahrungen

Aufgabe
Geben Sie Ihre persönlichen Lernerfahrungen in dem von Ihnen besuchten Seminar zur Zusatzqualifizierung wieder und reflektieren Sie Ihren Lernprozess. Nennen Sie die für Sie wichtigsten Punkte und formulieren Sie Ihre daraus gewonnenen Erkenntnisse. Welche Perspektiven sehen Sie für Ihre weitere berufliche Praxis und Professionalisierung?

Ziel
Ziel dieses abschließenden Teils des Portfolios ist es, die in der Zusatzqualifizierung gemachten Lernerfahrungen anhand ausgewählter Beispiele zu überdenken, Möglichkeiten zur Vertiefung aufzuzeigen, um die Erkenntnisse, Anregungen und Ideen dann für den eigenen Unterricht stärker nutzbar machen zu können. Zudem soll eine Reflexion über zukünftige berufliche Zielsetzungen stattfinden.

Nehmen Sie bei der Textgestaltung folgende Leitfragen zu Hilfe:

1. Welche Lernziele und Lerninhalte der Zusatzqualifizierung waren für Sie besonders wichtig und aufschlussreich?

2. Welche Erfahrungen haben Sie bisher mit der Umsetzung der Lernerträge aus der Zusatzqualifizierung im eigenen Unterricht gemacht? Welche Fragen haben sich ergeben?

3. Welche Kenntnisse/ Erkenntnisse haben Sie erworben oder erweitert? Welche Anregungen und Ideen haben Sie bekommen?

4. Woran wollen Sie weiterarbeiten? - Benennen Sie Ziele und Maßnahmen, die Sie im Rahmen Ihrer weiteren beruflichen Tätigkeit für wichtig halten. Wie wollen Sie die Erkenntnisse aus dem Seminar künftig weiterentwickeln? Worauf werden Sie in Zukunft als DaZ-Lehrkraft in der beruflichen Praxis besonders achten?

5. Wie schätzen Sie allgemein Ihren Lernfortschritt ein?

1. Welche Lernziele und Lerninhalte der Zusatzqualifizierung waren für Sie besonders wichtig und aufschlussreich?

Was die Lernziele der Zusatzqualifizierung betrifft, waren für mich besonders wichtig diejenigen Ziele, deren Schwerpunkt in dem Aufbau und in zu vermittelnden Inhalten von Integrationskursen lag. Von großer Bedeutung war für mich auch eine Erkenntnis, dass die Lerngewohnheiten, Lernvoraussetzungen, Interessen, Einstellungen sowie Bedürfnisse der Kursteilnehmer deren Spracherwerbsprozess wesentlich beeinflussen. Das dritte Lernziel, das mir genauso essentiell vorkommt, ist die Fähigkeit, DaZ- und DaF-Lehrwerke bzw. Unterrichtsmaterialien zu analysieren und sie in Bezug auf Eignung für ihre Zielgruppen zu beurteilen. In diesem Zusammenhang finde ich die Aufgabe mit dem Portfolio-Schreiben ganz sinnvoll. Ich muss zugeben, dass ich durch die Analyse des Lehrwerks „Schritte plus" es durchaus kennen gelernt habe, was ich für meinen zukünftigen DaZ-Unterricht wertvoll finde, weil ich gerade mit diesem Lehrwerk arbeiten möchte. Darüber hinaus weiß ich jetzt genau, welche Inhalte und methodisch- didaktische Aspekte ein gutes Lehrwerk für den DaZ und DaF-Unterricht ausmachen, so kann ich kritisch und professionell mit solchen Lehrwerken umgehen.

Was die Lerninhalte der Zusatzqualifizierung anbelangt, waren für mich besonders bereichernd die Seminare zum Thema „Migration und Migranten", wo ich erfahren habe, welche Themen für die Zuwanderungs- und Integrationspolitik seit 2005 relevant sind, und welche Aufenthaltstitel es heutzutage in Deutschland gibt. Genauso nützlich fand ich die Seminare, die die Inhalte in den Vordergrund stellten, wie man sein Wissen als Lehrkraft an Kursteilnehmer vermittelt, und wie man mit Lernenden erfolgreich übt, hier meine ich u. a. Wortschatz- und Grammatikvermittlung, Übungstypologie, kombinierte Fertigkeiten Hören + Sprechen oder Lesen + Schreiben. Obwohl mir diese Inhalte aus meinem DaF-Studium bekannt waren, konnte ich mein Wissen aktualisieren und die Inhalte in die Praxis umsetzen. Manche Tipps, wie z. B. Konzeptfragen zur Verständniskontrolle bei der Wortschatzvermittlung oder Alternativen zur textbasierten Präsentation bei Grammatikübungen waren für mich komplett neu. Auch Kennen lernen von verschiedenen Modellen der Unterrichtsphasen ermöglichte es mir, Unterrichtsfeinplanung noch effektiver zu gestalten. Das Seminar „Fehlerkorrektur" machte mich darauf aufmerksam, dass man außer formalen Kriterien bei der

Fehlerkorrektur auch viele mögliche Ursachen für einen Fehler beachten soll, denn es ist enorm wichtig, sie zu erkennen, um auf die Lernenden individuell einzugehen. Zum Schluss dieser Frage möchte ich betonen, dass das Seminar „Selbsterfahrung Anfängerunterricht" für mich als Lehrkraft bahnbrechend war. Ich hatte zum ersten Mal eine Möglichkeit, mich in die Lage der Lernenden, die eine Sprache überhaupt nicht verstehen, sehr gut hineinzuversetzen. Diese Erfahrung machte mir bewusst, wie wichtig die Rolle einer Lehrkraft ist, die die Hilfestellung den Lernenden beim Erwerb einer Fremdsprache gibt.

2. Welche Erfahrungen haben Sie bisher mit der Umsetzung der Lernerträge aus der Zusatzqualifizierung im eigenen Unterricht gemacht? Welche Fragen haben sich ergeben?

Da ich noch nicht als Integrationskurlehrer tätig bin, kann ich nur von meinen Erfahrungen mit dem sog. Icebreaker und mit zwei Hospitationen berichten. Im Rahmen der Zusatzqualifizierung konnte ich einen Icebreaker mit meinen Kurskollegen_innen ausprobieren. Diese kleine Unterrichtsaktivität nutzte ich zum gegenseitigen Kennen lernen am Anfang der Unterrichtseinheit aus, um „das Eis zu brechen". Mein Icebreaker hieß „Wahrheit oder Lüge". Drei freiwillige Teilnehmer erzählten von sich selbst, gaben drei Infos preis; eine der Infos war gelogen. Restliche Teilnehmer hatten die Aufgabe, im Plenum zu erraten, welche der preisgegebenen Infos falsch war. Die Aktivität war für zehn Minuten geplant. Der Verlauf des Icebreakers war gelungen, aber nicht reibungslos. Manche Teilnehmer kamen zu spät von der Pause, und verwirten mich ein bisschen. Dieses zu spät Kommen brachte auch das ganze Spiel teilweise durcheinander. Zum Glück habe ich schnell die Situation in den Griff bekommen und mein Icebreaker erfüllte seine Aufgabe. Die Teilnehmer hatten viel Spaß und lernten sich besser kennen. Der geplante Zeitrahmen wurde etwas überschritten, aber er war immer noch angemessen.

Andere Erfahrungen sammelte ich während meiner Hospitationen zu der Zeit, als ich meine Zusatzqualifizierung in Berlin absolvierte. Exemplarisch beschreibe ich eine der Hospitationen. Einmal hospitierte ich einen Integrationskurs bei der „Hartnackschule", wo ich beobachten konnte, wie eine typische Integrationskursunterrichtseinheit verläuft. Im Kurs gab es 14 Teilnehmer auf dem

Niveau A2/2. Die Kursleiterin setzte verschiedene Teilnehmeraktivitäten ein, bei denen sie abwechslungsreiche Sozialformen anwandte, wie z. B. Paararbeit oder Diskussion im Plenum. Die meisten Teilnehmer, die aus verschiedenen Ländern kamen (Schweden, Italien, Polen, Spanien u. a.), waren aktiv und beteiligten sich gerne an dem Unterricht. Die angewandten Sozialformen haben sich gut durchgesetzt. Die Lehrerin präsentierte das Thema „Einkaufen: Fachgeschäfte, Flohmarkt, Großhandel/Einzelhandel". Die ausgewählten Inhalte waren für die Kursteilnehmer angemessen und relevant. In manchen Phasen waren alle Kursteilnehmer gleichgewichtig beteiligt, wie z. B. beim Einstieg, wo die Lehrerein nach Fachgeschäften gefragt hat, oder bei der Paararbeit (Vor- und Nachteile des Online-Shoppings zu sammeln). Die Kursleiterin arbeitete an allen Fertigkeiten – es gab Übungen zum Hörverstehen, Diskussionen, ein Diktat mit der gleichzeitigen Widerholung zu Wunschsätzen. Die Semantisierung von neuen Wörtern war verständlich, so habe ich mir ein paar Beispiele notiert: Kunden: Verbraucher, Konsumenten; Fachgeschäft – z. B. IKEA; neu ≠ gebraucht.

Die Möglichkeit, Integrationskurse zu hospitieren, war für mich als Lehrkraft sehr bereichernd. Ich konnte beobachten, wie sich die Kursleiter verhalten, und wie die Kursteilnehmer (zusammen)arbeiten. Ich habe auch zahlreiche Beispiele gesammelt, wie man die in der Zusatzqualifizierung behandelten Inhalte in die Praxis umsetzen kann.

3. Welche Kenntnisse/ Erkenntnisse haben Sie erworben oder erweitert? Welche Anregungen und Ideen haben Sie bekommen?

Obwohl ich dem Begriff „Heterogenität und Binnendifferenzierung" schon früher begegnet bin, war es mir nicht so ganz bewusst, in welchem Maße sich die Lernenden voneinander unterscheiden, und wie hilfreich dabei innere Differenzierung ist. Das betrifft nicht nur Integrationskurse, sondern auch alle (Sprach)Kurse überhaupt. Das konnte ich sowohl bei hospitierten Integrationskursen als auch beispielsweise bei vor ein paar Tagen absolviertem Workshop „Schreibwerkstatt für Doktoranden", wo Teilnehmer anscheinend einander sehr ähnelten. Wie sich aber erwiesen hatte, hatten sie ganz unterschiedliche Bedürfnisse/Erwartungen und repräsentierten nicht einheitliches Niveau. Die Moderatorin des Workshops setzte glücklicherweise sehr viele binnendifferenzierte Aufgaben ein – die Doktoranden konnten sich wählen, woran sie arbeiten möchten –, was das Seminar sehr effektiv machte. An diesem Beispiel wollte ich zeigen, dass sogar in einer dem Anschein nach einheitlichen Gruppe eine starke Heterogenität vorhanden sein kann. In diesem Kontext finde ich die Anwendung der Binnendifferenzierung in Integrationskursen, die äußerst heterogen sind, unentbehrlich.

Auch mit dem Aspekt „Interkulturelles Lernen" habe ich mich vor der Zusatzqualifizierung nicht näher auseinandergesetzt. Das Seminar erweiterte mein Wissen um neue Gesichtspunkte, wie den eigenen kulturellen Standpunkt analysieren und kritisch reflektieren oder Fremdes als gleichberechtigt ansehen, was ich in Bezug auf Integrationskurse sehr wichtig finde.

Ich habe auch neue Kenntnisse im Bereich Deutsch als Fremdsprache vs. Deutsch als Zweitsprache erworben. Ich muss zugeben, dass der Unterschied bis jetzt mir nicht so klar war. Dank der Zusatzqualifizierung kann ich zwischen den beiden Typen des Unterrichts unterscheiden, und sie demzufolge entsprechend variieren. Dabei war eine Erkenntnis sehr interessant, was sog. fossilierte Fehler sind, die mehr oder weniger zwangsläufig beim ungesteuerten Spracherwerb entstehen. Um diesen Fehlern gerecht zu werden, ist grammatisches Regelwissen unabdingbar. Sehr anregend war für mich das Seminar „Neue Medien", wo ich neue hilfreiche Webseiten mit interessanten Materialien für den DaF-/DaZ-Unterricht kennen gelernt habe, wie z. B. „Deutsch XXL, Top Thema mit Vokabeln" (Texte reich an nützlichen Vokabeln), „LingoFox", wo man Arbeitblätter selbst für den Unterricht erstellen kann oder www.4teachers.de (das Portal von Lehrern für Lehrer) mit vielen Tipps für den (Fremdsprachen)Unterricht. Im Seminar „Übungstypologie" habe ich mich zusammen mit anderen Teilnehmern mit verschiedensten Typen von Übungen auseinandergesetzt und den sog. Task – in der Sprachdidaktik eine „Aufgabe" in Abgrenzung zu englisch „exercise" (dt. Übung): eine lösungsoffene, kommunikative Aktivität mit einem Endprodukt –, kennen gelernt, den ich in meinem Unterricht einsetzen möchte. In der Zusatzqualifizierung hörte ich zum ersten Mal von dem sog. Icebreaker. Diese kleine Unterrichtsaktivität möchte ich auch in meinem Unterricht zur Widerholung des gelernten Wortschatzes oder der früher geübten grammatischen Struktur ausprobieren.

5. Woran wollen Sie weiterarbeiten? - Benennen Sie Ziele und Maßnahmen, die Sie im Rahmen Ihrer weiteren beruflichen Tätigkeit für wichtig halten. Wie wollen Sie die Erkenntnisse aus dem Seminar künftig weiterentwickeln? Worauf werden Sie in Zukunft als DaZ- Lehrkraft in der beruflichen Praxis besonders achten?

Als passierter Germanist werde ich an meiner Dissertation weiter arbeiten, was mich fachlich als Lehrkraft in meiner beruflichen Tätigkeit sehr bereichert. Da ich die berufliche Weiter- und Fortbildung sehr schätze, möchte ich auch an der additiven Zusatzqualifizierung für Lehrkräfte in Orientierungskursen noch dieses Jahr teilnehmen. Soviel mir bekannt ist, bieten auch die Verlage von DaF-Lehrwerken zahlreiche Fortbildungseminare an. Ich habe vor, in diesem Bereich zu recherchieren, und mir ein entsprechendes Angebot auszusuchen.

Als DaZ-Lehrkraft werde ich bestimmt meine Aufmerksamkeit auf die Struktur des Unterrichts richten – hier gilt ein besonderes Augenmerk der Unterrichtsfeinplanung und den Unterrichtsphasen, so dass mein Unterricht gut strukturiert ist und dass alle Fertigkeiten (Lesen, Schreiben, Hören und Sprechen) geübt werden.

Da die Lerngruppen in Integrationskursen extrem heterogen sind und die Teilnehmer aus aller Welt kommen, werde ich mit Sicherheit in meiner beruflichen Praxis dafür sorgen, dass mein Unterricht binnendifferenziert ist und dass die Aspekte des interkulturellen Lernens berücksichtigt werden. Nur auf diesem Weg kann ich mir sicher sein, dass jeder Teilnehmer einen Lernfortschritt erzielen kann und dass der Integrationserfolg zustande kommt.

Darüber hinaus finde ich die Idee des Icebreakers sehr anregend und nützlich, so möchte ich nach weiteren Icebreaker-Varianten suchen und sie im Unterricht anwenden. Ich möchte mich auch näher mit den anderen DaZ-/DaF-Lehrwerken auseinandersetzen, um zu überprüfen welches Lehrwerk zu welchem Aspekt – hier meine ich Heterogenität und Binnendifferenzierung, Interkulturelles Lernen und Handlungsorientiertes Lernen –, geeignet ist. Da ich die Frage des Stellenwerts von Grammatik im DaZ-Unterricht problematisch finde, möchte ich mich mit diesem Problem weiter beschäftigen, um die Grammatikvermittlung in meinem Unterricht zu optimieren. Dabei möchte ich die SOS-Methode (Sammeln-Ordnen-Systematisieren) als Prozess der Regelfindung durch den Lerner im Grammatikunterricht einführen.

6. Wie schätzen Sie allgemein Ihren Lernfortschritt ein?

Aufgrund der Überlegungen und nach der Beantwortung von Fragen im abschließenden Teil des Portfolios schätze ich meinen Lernfortschritt sehr positiv ein. Die Zusatzqualifizierung von Lehrkräften im Bereich Deutsch als Zweitsprache hat mein fachliches Wissen aktualisiert, systematisiert und erweitert. Die Inhalte von manchen Seminaren waren mir gut bekannt – wie z. B. Wortschatzvermittlung, Methodische Ansätze oder Fehlerkorrektur –, nichtsdestotrotz haben sie dazu beigetragen, dass ich meine Kenntnisse aus einer neuen Perspektive beurteilen und sie in die Praxis umsetzen konnte. Die Seminare Migration und Migranten, Heterogenität und Binnendifferenzierung, Interkulturelles Lernen, Konfliktmanagement oder Kursteilnehmerberatung im DaZ-Unterricht haben mein Wissen im Bereich Deutsch als Zweitsprache ergänzt. Nicht zu unterschätzen sind reiche und nicht selten langjährige berufliche Erfahrungen meiner Kurskollegen_innen, die wir untereinender im Kurs ausgetauscht haben. Dank der DaZ-Zusatzqualifizierung fühle ich mich sehr gut vorbereitet für die Lehrtätigkeit in Integrationskursen und ich freue mich aufs Unterrichten!

I. Arbeitsblatt / Unterrichtsfeinplanung

Unterrichtsfeinplanung zu einer auszuwählenden Fertigkeit oder zu kombinierten Fertigkeiten und zu einem auszuwählenden Thema:

Erstellen Sie eine Unterrichtsfeinplanung in Form einer Lehrskizze für eine Unterrichtseinheit von 90 Minuten zu einem auszuwählenden Thema:

Zielgruppe: Es handelt sich um einen typischen heterogenen Integrationskurs, der aus zwölf Teilnehmer_innen verschiedener Herkunft besteht. Die Sprachkenntnisse der Teilnehmer_innen liegen auf der Niveaustufe A1 des GER. Die meisten Lernenden können sich in alltäglichen Situationen verständigen; es treten jedoch Schwierigkeiten bei dem sprachlichen Ausdruck auf, weil der Wortschatz beschränkt ist und die Teilnehmer_innen mit den grammatischen Strukturen der deutschen Sprache nicht gut vertraut sind. In der Gruppe gibt es acht Frauen und vier Männer im Alter zwischen 28 und 51 Jahren mit der folgenden Zusammensetzung (in Bezug auf Herkunftsland): Polen (2 TN), Spanien (2 TN), Kasachstan (1 TN), die Türkei (3 TN), Malaysia (1 TN), Schweden (2 TN), Russland (1 TN). Fünf von zwölf Teilnehmer_innen sind entweder Studenten oder Akademiker: 2 TN aus Polen, ein Türke, ein Spanier und eine Frau aus Malaysia. Sie sind zwischen 2 Monaten und drei Jahren in Deutschland und (Fremdsprachen)Lernen gewohnt – fast alle aus dieser Gruppe können auch eine andere Fremdsprache (meistens Englisch). Zwei Türkinnen leben seit über zehn Jahren in Deutschland als Hausfrauen. Sie können Deutsch ganz gut verstehen, haben aber ein Problem mit der Aussprache und mit der grammatischen Korrektheit. Eine Frau aus Kasachstan ist fünf Jahre lang in Deutschland, war bis jetzt in der Gastronomie tätig. Sie kann sich relativ gut verständigen, macht aber viele „fossilierte Fehler". Ein Spanier machte in seinem Heimatland eine Ausbildung zum Koch und möchte gerne in seinem Beruf in Deutschland arbeiten. Er lebt seit fünf Monaten hier und Lerntechniken sind ihm fremd. Eine Frau aus Schweden hat vor einem Jahr einen deutschen Mann geheiratet. Sie spricht gerne und viel, hat aber große Probleme mit dem Lesen und Schreiben. Ein Mann aus Russland lebt in Deutschland seit zwei Jahren und arbeitete bis jetzt auf der Baustelle. Er hat keine Ausbildung und versteht Deutsch kaum. Ein 28-jähriger Schwede kam nach Deutschland für die Sommerferien. Das Land gefällt ihm gut, so beschloss er hier für ein paar Jahre zu bleiben. Er ist sehr motiviert und möchte gerne die deutsche Sprache beherrschen.

Unterrichtsmaterial:

Niebisch, Daniela; Penning-Hiemstra, Sylvette; Specht Franz; Bovermann, Monika: **Schritte plus 2**: Deutsch als Fremdsprache, **Niveau A1/2**, **Kursbuch** mit integriertem **Arbeitsbuch** und beigefügten Audio-CDs. Hueber Verlag, Ismaning, 2009.

28

Klimaszyk, Petra; Krämer-Kienle, Isabel: **Schritte plus 2**: Deutsch als Fremdsprache, **Lehrerhandbuch**. Hueber Verlag, Ismaning, 2009.

Tafel, Kreide, Marker, Ball

Foto-Hörgeschichte als Bildkarten aus dem Kursbuch als Einstieg in den Unterricht (Kursbuch, S. 30-31, Folge 10: „Sabine") – die Foto-Hörgeschichte aus dem Kursbuch wurde kopiert und als ausgeschnittene Kärtchen an die TN verteilt

CD 1 zum Kursbuch (Lektion 8-11)

ein Verband und eine Versichertenkarte (zur Semantisierung)

<u>Seite</u>: Kursbuch, Lektion 10 – Gesundheit und Krankheit, S. 30 – 39.
Lehrerhandbuch – methodische Hinweise zu Lektion 10, S. 28 – 35.
Arbeitsbuch, Lektion 10, S. 106 – 115.

<u>Lernziel/e</u>: Die TN können über Körper, Gesundheit, Krankheit sprechen, Gesundheitsprobleme und Ratschläge verstehen, Gesundheitstipps geben.

<u>Lerninhalte</u>: Wortschatz und Redemittel zum Thema „Gesundheit und Krankheit, Körperteile", um über körperliche Beschwerden sprechen zu können.

29

2. Arbeitsblatt / Unterrichtsfeinplanung

Lernziele	Lerninhalte	Unterrichts-phasen	Lerneraktivitäten/ Lehreraktivitäten	Sozialformen	Materialien/ Medien	Methodische Hinweise	Zeit
Die TN können die Geschichte vor dem Hören situieren		Einstieg	L. verteilt die Foto-Hörgeschichte als ausgeschnittene Kärtchen an die TN. Die TN versuchen, die Fotos in die richtige Reihenfolge zu bringen. Einige Gruppen erzählen kurz ihre Variante der Geschichte, bevor sie sie mit dem Buch oder später mit dem Hörtext vergleichen – kurzes Feedback im Plenum	PA PL	Die aus dem KB vom L. kopierte und als Bildkarten ausgeschnittene Foto-Hörgeschichte (KB, Folge 10: „Sabine", S. 30-31)	Interesse/Spannung der TN auf einen Hörtext erzeugen	5 Min.
Die TN können vor dem ersten Hören Schlüsselwörter verstehen	WS: -r Verband, -r Knochen, -e Versicherten-karte	Präsentation 1/Semantisierung 1	L. deutet willkürlich auf einige Fotos der Foto- Hörgeschichte und fragt: „Wo seht ihr einen Verband?", Wo seht ihr einen Knochen?" und „Wo seht ihr eine Versichertenkarte?" Zur Klärung der Wortbedeutung zeigt L. einen Verband und eigene Versichertenkarte.	PL	Ein vom L. mitgebrachter Verband und seine Versichertenk arte	L. semantisiert vor dem ersten Hören Schlüsselwörter, damit das folgende Hörverständnis erleichtert wird	5/10 Min.

30

Die TN können... (Lernziel)	Redemittel/Sprache	Phase	Verlauf	Sozialform	Medien	Kommentar	Zeit
Die TN können Mutmaßungen über den Inhalt eines Hörtextes anstellen	Spekulationen/Vermutungen anstellen WS: Vielleicht… Ich glaube, Niko… Ich möchte… Ich denke, Niko ist…	Präsentation 2/Semantisierung 2	Einen Knochen zeichnet er an die Tafel. Die TN konzentrieren sich auf Foto 7. L. fragt: „Warum lacht Niko?", „Ist Niko noch krank? Was denkt ihr?", „Wie geht es Niko?" L. notierte als Hilfestellung für die Antwort einige RM an der Tafel. Die TN stellen mit Hilfe der RM Vermutungen in kleinen Gruppen an	GA	Foto-Hörgeschichte als Bildkarten wie im Einstieg / Tafel	Vorbereitung auf das anschließende Hörverständnis	5/15 Min.
Die TN können einem Hörtext globale Informationen entnehmen und die Geschichte rekonstruieren	Die TN lernen kennen, wie ein typischer Arztbesuch verläuft, und wie man von einem Unfall berichtet	Üben/Präsentation 3 (GV)	1. Hören des Textes. Die TN hören die Foto-Hörgeschichte durchgehend und verfolgen dabei die Geschichte im Buch. Wenn die TN vor dem Hören mit den Bildkärtchen eine eigene Geschichte gelegt haben, können sie diese in Paaren nun auch mit Hilfe des Hörtextes mit dem Original vergleichen und die	EA / PA	CD 1 Hörtext „Schritte plus 2,KB-A1/2", Lektion 10-Gesundheit und Krankheit, Folge 10: „Sabine" / KB wie erwähnt, S. 30-31	Einzelarbeit in der ersten Phase des Hörens soll den TN eine bessere Konzentration auf die Aufgabe ermöglichen. Der Vergleich der Reihenfolge von Bildkärtchen, die vor dem Hören von den TN gelegt wurden, mit dem Original des Hörtextes in Paaren soll den Lernenden einerseits mehr Sicherheit geben, andererseits aber auch	10/25 Min.

31

Die TN können einem Hörtext detaillierte Informationen entnehmen	WS und RM zum Thema „Arztbesuch" und „Unfall": -r Unfall, -e Kranken-meldung, -e Krankenkasse, -s Röntgenbild, -e Prellung, -e Salbe, -Schmerzen, krankschreiben, gebrochen, Gute Besserung!	Üben/Präsen-tation 4 (DV)		Reihenfolge ggf. selbst korrigieren – erste Verständnissicherung		dazu beitragen, den Fokus vom Lehrer zu nehmen	
			EA	2. Hören des Textes. Die TN erhalten die Aufgabe für das DV (Aufgabe 5 im KB, S. 31) – sie sollen die Sätze in die richtige Reifenfolge ordnen. Die TN haben Zeit die Aufgabe durchzulesen und fragen dazu zu stellen. L. klärt, wenn nötig, die neuen Wörter und notiert sie an der Tafel. Zur Verständnissicherung wird der WS durch Konzeptfragen überprüft.	CD 1 Hörtext „Schritte plus 2,KB-A1/2", Lektion 10- Gesundheit und Krankheit, Folge 10: „Sabine" KB, S. 31, Aufgabe 5	Der Text wird ein drittes Mal gehört, wenn sich während des Monitorings Schwierigkeiten zeigen	15/40 Min.
			PA PL	Die TN vergleichen ihre Antworten zunächst in Paaren, dann im Plenum – zweite Verständnissicherung		Bei der Verständnissicherung sollen die TN sich gegenseitig aufrufen und die Antworten der anderen TN bestätigen und ggf. begründet korrigieren. Auch damit sollte der Fokus vom L. genommen werden	

32

Lernziel	Inhalt / Wortschatz	Phase	Verlauf	Sozialform	Material	Hinweise	Zeit
Die TN können Körperteile benennen	Präsentation des Wortfelds „Körperteile" WS: -s Haar, -r Kopf, -s Ohr, -r Hals, -r Rücken, -s Bein, -r Fuß, -e Hand, -r Bauch, -r Arm, -r Mund, -e Nase, -s Auge	Präsentation 5/Semantisierung 3	L. wirft einem TN den Ball und fragt: „Wie heißt das auf Deutsch?", während er z. B. seine Nase deutet. Erfahrungsgemäß können die TN bereits einige Körperteile auf Deutsch benennen. Der befragte TN setzt die Fragerunde mit dem Ball fort. L. notiert alle Körperteile an der Tafel, die von den TN genannt werden, mit dem bestimmten Artikel und mit der Pluralform. Abschließend ergänzt L. die Körperteile an der Tafel, die die TN womöglich noch nicht genannt haben.	PL	Tafel Ball	Zur Semantisierung wurde der Ball benutzt, um alle TN zu engagieren	15/55 Min.
Die TN können den gerade präsentierten WS festigen und Pluralformen der Körperteile üben	Wortschatz des Wortfelds „Körperteile"	Üben schriftlich-Festigungsphase	Die TN erhalten zwei Aufgaben – in der ersten Aufgabe sollen sie Körperteile zu einem Bild des Körpers ergänzen, in der zweiten Aufgabe	EA	Aufgabe 1 und 2 im KB, Lektion 10, S. 106	Fakultativ kann L. den TN zeigen, wie man sein mit Vokabelkärtchen WS lernen kann. Er bringt dazu einige Karten als Beispiel mit. Auf einer Seite steht z. B. das	10/65 Min.

Lernziel	Inhalt (RM)	Phase	Sozialform	Material	Hinweise	Zeit
		ergänzen sie Pluralformen von Körperteilen. Kurzes Feedback im Plenum- Verständniskontrolle	PL		jeweilige Körperteil und auf der Rückseite die muttersprachliche Entsprechung	
Die TN können über körperliche Beschwerden/ Schmerzen sprechen	RM „Etw. tut jemandem weh"; z. B. „Der Kopf tut mir weh"	Üben mündlich - Festigungsphase	PA	KB, Aufgabe A3 als Beispiel, Lektion 10, S. 32	Die TN sehen sich das Bild an (Aufgabe A3). Zwei TN lesen das Beispiel im KB vor. L. sagt: „Was tut mir weh? Fragt mich." Die TN sollen raten, was dem L. weh tut, und fragen nach dem Muster im Buch, bis sie seinen „Schmerz" erraten haben. Danach fragen sich die TN gegenseitig nach körperlichen Beschwerden in Paaren — Während die TN in Paaren arbeiten, kontrolliert L. unauffällig, ob sie RM „..etw. tut jemandem weh" und jeweilige Körperteile richtig anwenden	10/75 Min.
Die TN können Gesundheits- probleme und Ratschläge verstehen und Gesundheitstipps geben	RM als Hilfe bei der Aktivität zum Thema „Gesundheitstipps", wie z. B.: keinen Kaffe trinken, im Bett bleiben, Tabletten nehmen, Sport machen, und	Transfer	EA	KB, Aufgabe C5, Lektion 10, S. 34	Die TN lesen in Stillarbeit die Beispiele für Gesundheits- probleme und Ratschläge im KB durch. L. klärt ggf. unbekannten Wortschatz. L. liest — Ungeübte TN können sich auf die Beispiele im Buch konzentrieren und diese ggf. in der Gruppe wiederholen	15/90 Min.

	zum Thema „Gesundheits- probleme": Halsschmerzen, kann nicht schlafen, Fieber, zu dick etc.	gemeinsam mit den TN den Bespieldialog und macht zusammen ein oder zwei Bespiele. Danach finden sich die TN in Kleingruppen von 3-4 Personen und geben sich gegenseitig Ratschläge. Die TN sollen sich selbständig weitere Gesundheits- probleme ausdenken und sich von den anderen Ratschlägen erteilen lassen. L. geht herum und hilft bei Unklarheiten	GA

Abkürzungen:

EA = Einzelarbeit
PA = Paararbeit
PL = Plenum
L = Lehrer
TN = Teilnehmer
WS = Wortschatz

KB = Kursbuch
AB = Arbeitsbuch
LHB = Lehrerhahnbuch
RM = Redemittel
DV = Detailverstehen
GV = Globalverstehen

Ltd.

02B/367/P